BEI GRIN MACHT SICH IHR
WISSEN BEZAHLT

AF136337

- Wir veröffentlichen Ihre Hausarbeit,
  Bachelor- und Masterarbeit

- Ihr eigenes eBook und Buch -
  weltweit in allen wichtigen Shops

- Verdienen Sie an jedem Verkauf

Jetzt bei www.GRIN.com hochladen
und kostenlos publizieren

Bibliografische Information der Deutschen Nationalbibliothek:

Die Deutsche Bibliothek verzeichnet diese Publikation in der Deutschen National-bibliografie; detaillierte bibliografische Daten sind im Internet über http://dnb.d-nb.de/ abrufbar.

Dieses Werk sowie alle darin enthaltenen einzelnen Beiträge und Abbildungen sind urheberrechtlich geschützt. Jede Verwertung, die nicht ausdrücklich vom Urheberrechtsschutz zugelassen ist, bedarf der vorherigen Zustimmung des Verlages. Das gilt insbesondere für Vervielfältigungen, Bearbeitungen, Übersetzungen, Mikroverfilmungen, Auswertungen durch Datenbanken und für die Einspeicherung und Verarbeitung in elektronische Systeme. Alle Rechte, auch die des auszugsweisen Nachdrucks, der fotomechanischen Wiedergabe (einschließlich Mikrokopie) sowie der Auswertung durch Datenbanken oder ähnliche Einrichtungen, vorbehalten.

Impressum:

Copyright © 2020 GRIN Verlag
Druck und Bindung: Books on Demand GmbH, Norderstedt Germany
ISBN: 9783346169150

Dieses Buch bei GRIN:

https://www.grin.com/document/538756

Stefan S.

Schizophrene Störungen, Bewertungsprozesse und Emotionale Intelligenz. Themenbereiche der Allgemeinen Psychologie

GRIN Verlag

GRIN - Your knowledge has value

Der GRIN Verlag publiziert seit 1998 wissenschaftliche Arbeiten von Studenten, Hochschullehrern und anderen Akademikern als eBook und gedrucktes Buch. Die Verlagswebsite www.grin.com ist die ideale Plattform zur Veröffentlichung von Hausarbeiten, Abschlussarbeiten, wissenschaftlichen Aufsätzen, Dissertationen und Fachbüchern.

Besuchen Sie uns im Internet:

http://www.grin.com/

http://www.facebook.com/grincom

http://www.twitter.com/grin_com

Inhaltsverzeichnis

Abkürzungsverzeichnis

EI   emotionale Intelligenz

IQ   Intelligenzquotient

WfbM   Werkstatt für behinderte Menschen

Abbildungsverzeichnis

Tabellenverzeichnis

1 Schizophrene Störungen

Im folgenden Unterkapitel 1.1 soll das schizophrene Krankheitsfeld erläutert werden, wobei hier auch die Hinzuziehung des ICD-10 notwendig ist. Die zu definierenden Krankheitsbilder, sind die der Schizophrenie, der schizotypen und der wahnhaften Störungen. Unterkapitel 1.2 befasst sich mit der Frage, ob und unter welchen Voraussetzungen es für Schizophrenie-Betroffene möglich ist, auf dem Arbeitsmarkt einer geregelten Tätigkeit nachzugehen. Abschließend werden in Unterkapitel 1.3 Behindertenwerkstätte als mögliche Beschäftigungsform für Schizophrene näher betrachtet, sodass darauf aufbauend die Vor- und Nachteile einer solchen Beschäftigung abgewogen werden können.

1.1 Das schizophrene Krankheitsfeld

Das schizophrene Krankheitsfeld umfasst hauptsächlich das Krankheitsbild der Schizophrenie (F20), wobei sich dieses Unterkapitel ebenfalls mit den schizotypen und wahnhaften Störungen auseinandersetzten wird. Diese drei Krankheitsbilder, werden im Klassifikationssystem ICD-10 zu einer Gruppe zusammengefasst und in das fünfte Kapitel der psychischen Störungen und Verhaltensstörungen eingegliedert.[1]

1.1.1 Schizophrenie

Die Schizophrenie ist eine psychische Störung, die sich in schwerwiegenden Erlebens- und Verhaltensveränderungen zeigt.[2] Betroffene leiden meist unter einer gestörten Denkweise, bei der die Gedanken in keinem logischen Verhältnis zueinander stehen, sowie einer fehlerhaften, realitätsfernen Wahrnehmung, welche bei manchen sogar zum völligen Rückzug aus der realen Welt, hin zu einer halluzinierten und wahngeprägten Alternativwelt führen kann. Es kann zu gravierenden Konzentrationsproblemen und einem flachen Affekt, der sich in Antriebslosigkeit äußert, kommen.[3] Dem ICD-10 zufolge sind die wichtigsten psychopathologischen, also das kranhafte Seelenleben betreffenden

---

[1] Vgl. Deutsches Institut für Medizinische Dokumentation und Information (DIMDI) (2019), S. 259
[2] Vgl. Caspar/Pjanic/Westermann (2018), S. 83
[3] Vgl. Kring/Johnson/Hautzinger (2019), S. 306

Phänomene im Zusammenhang mit Schizophrenie Gedankenlautwerden, Gedankeneingebung oder -entzug, Gedankenausbreitung, Wahnwahrnehmung, Kontroll- sowie Beeinflussungswahn, Denkstörungen, Negativsymptome und innere Stimmen, die als eine Art Beobachter, das Tun und Handeln der betroffenen Person kommentieren. Zwar können sich im Laufe der Krankheit ebenfalls kognitive Störungen ausbilden, gleichwohl bleibt das Bewusstsein und der Intellekt der Patienten in der Regel unbetroffen.[4]

Dadurch, dass die Symptome der Schizophrenie derart vielfältig in ihrem Auftreten und auch nicht bei allen Betroffenen gleichermaßen zu finden sind, können keine spezifischen Behandlungsmethoden entwickelt werden, da die Ursachenzuschreibung für diese Krankheit noch nicht im Bereich des Möglichen zu sein scheint. Deswegen werden die Symptome in Kategorien eingeordnet, sodass zumindest eine gewisse Regelung der Symptomatik vorhanden ist. Es wird zwischen positiven, negativen und desorganisierten Symptomen unterschieden, wobei die positiven Symptome etwas zum Erleben und Verhalten hinzufügen, während negative Symptome das Erleben und Verhalten einschränken.[5] Abbildung 1 muss hier als Ausführung der einzelnen Kategorien ausreichen, da der Rahmen der Einsendeaufgabe ansonsten überzogen wird.

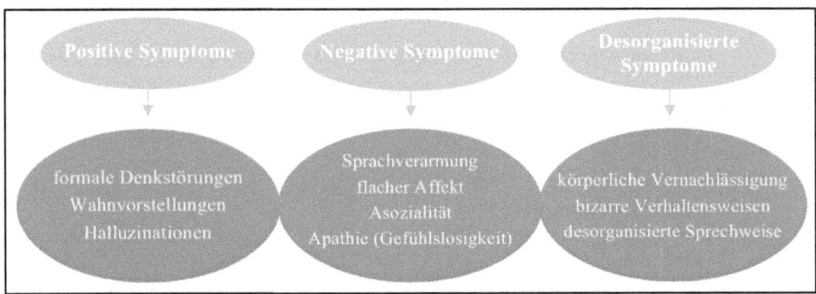

Abbildung 1: Symptomkategorien bei Schizophrenie.
(Quelle: Eigene Darstellung in Anlehnung an Kring/Johnson/Hautzinger (2019), S. 307.)

Aktuellen Auffassungen zufolge sind 1 % der deutschen Bevölkerung von Schizophrenie betroffen.[6] Verschiedene Untersuchungen im Bereich der genetischen und psychologischen Forschung haben versucht, die Symptome einer Schizophrenie zu erklären und Faktoren herauszustellen, welche die Erkrankung bei Menschen begünstigen. So konnten mehrere Familienstudien zeigen, dass das Erkrankungsrisiko bei Personen mit schizophrenen Verwandten durchschnittlich höher ist, als bei Familien ohne eine schizophrene

---

[4] Vgl. DIMDI (2019), S. 259
[5] Vgl. Caspar/Pjanic/Westermann (2018), S. 83; Kring/Johnson/Hautzinger (2019), S. 306
[6] Vgl. Köhler (2017), S. 1480

Historie.[7] Es hat sich beispielsweise gezeigt, dass die Wahrscheinlichkeit einer Erkrankung, bei Kinder dessen Eltern beiden schizophren sind, bei 27,3 % liegt, während es bei Kindern mit zwei gesunden Eltern nur 0,86 % sind.[8] Eineiige Zwillinge haben mit 44,3 % ebenfalls ein erhöhtes Erkrankungsrisiko, wobei dieser Wert ausschlaggebend für die Feststellung ist, dass Schizophrenie nicht allein durch genetische Faktoren begünstigt werden kann, da eineiige Zwillinge genetisch identisch sind.[9] Die Ursachen einer Schizophrenie können sogar mit der Schwangerschaft und der Geburt zusammenhängen, sodass sich erste Anzeichen der Krankheit bei einem Ungeborenen, durch Infektionen der Mutter bereits in der Gebärmutter entwickeln oder durch Geburtskomplikationen entstehen, da das Gehirn dadurch gewisse Schäden im Bereich des präfrontalen Kortex erlitten haben könnte. Auch psychische Faktoren wie Stress, der von schizophrenen Patienten stärker wahrgenommen wird, ungünstige Familienverhältnisse, welche sich durch Konflikte, Schuldzuweisungen oder auch Überbesorgtheit der Eltern auszeichnen, oder ein niedriger soziökonomischer Status können unter bestimmten Umständen die Ausprägung der schizophrenen Erkrankung begünstigen.[10] Der Krankheitsverlauf ist dabei entweder durch andauernde Störungsepisoden mit stärker werdenden oder stabil bleibenden Defiziten gekennzeichnet, oder durch einen oder mehrere Episoden, die mit vollständigem oder unvollständigem Rückgang der Symptome einhergehen.[11]

Die Diagnose einer schizophrenen Erkrankung ist jedoch unter folgenden Umständen nicht zu stellen: wenn eine deutliche Gehirnerkrankung festzustellen ist, und wenn depressive oder manische Symptome erkannt werden und diesen keine schizophrenen Symptome vorangegangen sind. Insgesamt kann zwischen neun verschiedenen Arten von Schizophrenie-Diagnosen unterschieden werden. Die folgenden drei Typen werden hierbei als Unterformen der Schizophrenie bezeichnet. Dazu gehört zum einen die paranoide Schizophrenie, welche vor allem mit ständigen paranoiden Wahnvorstellungen einhergeht, und zum anderen die hebephrene Schizophrenie, die besonders affektive Veränderungen, aber auch verantwortungsloses und unvorhersehbares Verhalten zur Folge hat. Als dritte Unterform wird die katatone Schizophrenie unterschieden, dessen Merkmal psychomotorische Störungen sind, bei denen die Betroffene zwischen zwei extremen körperlichen Verhaltensweisen wechseln. Bei Zustandsbildern, die lediglich die allgemeinen diagnostischen Kriterien der Schizophrenie abdecken, kann eine undifferenzierte

---

[7] Vgl. Kring/Johnson/Hautzinger (2019), S. 317
[8] Vgl. Gottesmann/Laursen/Bertelsen/Mortensen (2010), S. 252
[9] Vgl. Kring/Johnson/Hautzinger (2019), S. 318
[10] Vgl. Kring/Johnson/Hautzinger (2019), S. 326-328
[11] Vgl. Arolt/Reimer/Dilling (2011), S. 143; World Health Organization (2019), S. 259

Schizophrenie diagnostiziert werden. Eine weitere Diagnose ist die der postschizophrenen Depression, bei der es sich um langanhaltende depressive Episoden mit anschließender Schizophrenie handelt. Hierbei müssen jedoch die schizophrenen Symptome noch vorhanden sein. Befindet sich die Entwicklung der Schizophrenie in einem chronischen Stadium, das durch eine markante Verschlechterung der Symptomatik gekennzeichnet ist, kann ein schizophrenes Residuum vorliegen. Die letzte Form der Schizophrenie, die näher bestimmt werden kann, ist die schizophrenia simplex, eine Störung, die mit anormalem sozialem Verhalten und einem generellen Leistungsschwund einhergeht. Nicht näher bestimmbar sind sonstige Schizophrenieformen wie Psychosen oder Störungen.[12]

1.1.2 Schizotype und wahnhafte Störungen

Neben der Schizophrenie gehören zu diesem Krankheitsfeld auch schizotype und wahnhafte Störungen. Das schizotype Störungsbild wird vor allem durch ein exzentrisches Verhalten, sowie skurrile Wahrnehmungserfahrungen, Gedanken und Stimmungslagen charakterisiert. Betroffene zeigen ebenso Anzeichen eines sozialen Rückzugs, während sie gedanklich in unrealistische und illusionierte Zustände verfallen, die sie nicht kontrollieren können. Dabei treten jedoch keine eindeutigen schizophrenen Symptome auf, sodass die schizotype Störung separat betrachtet werden muss. Es lässt sich nicht nachvollziehen, wann die Krankheit beginnt, wobei die Entwicklung und der Verlauf anderen Persönlichkeitsstörungen nahekommen.[13]

Bei wahnhaften Störungen hingegen wird nach dem ICD-10 der Wahn, als das einzige oder zumindest markanteste klinische Merkmal definiert, welcher grundsätzlich lange oder sogar lebenslang anhalten kann. Hierbei können sich die Wahnerscheinungen stark unterscheiden.[14] Betroffene können unter Verfolgungswahn, Größenwahn oder wahnhafter Eifersucht leiden oder Beziehungswahn, bei dem sich die Betroffenen einbilden von einer meist fremden Person geliebt zu werden.[15] Typisch schizophrene Symptome wie akustische Halluzinationen, Kontrollwahn, flacher Affekt oder generelle Gehirnerkrankungen können nicht mit der wahnhaften Störung in Verbindung gebracht werden.[16]

---

[12] Vgl. DIMDI (2019), S. 259-260
[13] Vgl. Caspar/Pjanic/Westermann (2018), S. 134; Remschmidt/Theisen (2011), S. 131; World Health Organization (2019), S. 261
[14] Vgl. DIMDI (2019), S. 261
[15] Vgl. Kring/Johnson/Hautzinger (2019), S. 315
[16] Vgl. DIMDI (2019), S. 261

1.2 Schizophrenie im Arbeitsalltag: Kann das funktionieren?

Nachdem nun das schizophrene Krankheitsbild und die damit einhergehenden Symptome hinreichend definiert wurden, kann eine praxisbezogene Sichtweise angestrebt werden, die sich in diesem Unterkapitel speziell auf die Verknüpfung zwischen Schizophrenie und einem geregelten Arbeitsalltag fokussieren soll.

Man stelle sich folgendes Szenario vor: Ana (23) hat im Alter von 17 Jahren die Diagnose Schizophrenie erhalten. Nach ihrem Abitur hat sie eine Ausbildung angefangen, die sie wegen ihrer Krankheit oftmals für längere Zeiträume unterbrechen musste, da sie besonders in schizophrenen Akutphasen auf stationäre ärztliche Betreuung angewiesen war. Diese Umstände führten zu einem Ausbildungsabbruch, da das Unternehmen Anas Fehlzeiten nicht mehr tolerieren konnte. Seither ist sie auf der Suche nach einer neuen Ausbildungsstelle und hat sich nach einigen fehlgeschlagenen Bewerbungsversuchen auf dem ersten Arbeitsmarkt letztendlich an die Arbeitsagentur gewendet. Diese versucht jedoch Ana eine Tätigkeit im zweiten Arbeitsmarkt nahe zu bringen, da ihr eigentlicher Berufswunsch nicht für sie geeignet sei. Alternativ hat Anas Arzt eine Beschäftigung in einer Werkstatt für behinderte Menschen (WfbM) oder eine zeitweilige Arbeitsauszeit vorgeschlagen. Anas Schicksal wird von der Mehrheit schizophrener Menschen geteilt und soll daher für die folgenden Überlegungen als Beispiel genutzt werden.

Unabhängig von der Frage, ob es für Schizophrene Erfolgschancen auf dem Arbeitsmarkt gibt, ist die Tatsache, dass der Einstieg in die Arbeitswelt für den Betroffenen gesundheitlich förderlich ist, da ein Rückzug aus der Gesellschaft vermieden wird. Die Zusammenarbeit mit Arbeitskollegen bildet eine stabile Voraussetzung für Schizophrene, um sich nicht sozial auszugrenzen und der Realität nahe zu bleiben. Aus einem Bericht der Work Foundation (2015) geht hervor, dass sogar die Befragten Schizophrenie-Patienten positive Gefühle und Erfahrungen im Zusammenhang mit einer Erwerbstätigkeit verspüren, da es ihnen dabei helfe eine gewisse Normalität wiederherzustellen. Tatsächlich werde den Betroffenen der Einstieg in die Arbeitswelt jedoch schwer gemacht, wodurch sich ebenfalls die hohe Arbeitslosenquote von Schizophrenen erklären ließe.[17]

Die meisten Arbeitgeber sehen jedoch nur wenige Chancen für schizophrene Angestellte, die sich im ersten Arbeitsmarkt durchsetzen möchten. Besonders für Patienten wie Ana, die keine praktischen Erfahrungen besitzen und deswegen nach einer Ausbildungsstelle suchen, haben geringe Chancen auf Bewerbungsgespräche. Der Grund dafür ist die

---

[17] Vgl. Steadman (2015), S. 5-6

negative Sichtweise der Gesellschaft auf die Krankheit selbst. Unabhängig davon ob sich der potentielle Arbeitgeber darüber bewusst ist, wie ausgeprägt die Symptome bei einem individuellen Bewerber sind, wird dieser wahrscheinlich der grundlegenden Überzeugung sein, dass eine schizophrene Person nicht die nötigen Fähigkeiten besitzt, um einer geregelten Beschäftigung nachzugehen. Selbst manche Ärzte scheinen von einer erfolgreichen Integration in den Arbeitsmarkt, nicht überzeugt zu sein.[18]

Ob Schizophrenie-Betroffene nun einer geregelten Beschäftigung auf dem Arbeitsmarkt nachgehen können, scheint weniger von den Betroffenen selbst, sondern viel mehr von den Personen um sie herum abzuhängen. Betroffene sollten realistische Möglichkeiten erhalten, ihr Potential unter Beweis zu stellen, anstatt direkt in typisierte Raster eingeteilt zu werden. Grundsätzlich kann auch eine Person mit Schizophrenie in einem normalen Beruf tätig werden, vorausgesetzt es handelt sich nicht um ein akutes Krankheitsbild, bei dem Wahnvorstellungen, Halluzinationen oder weitere Symptome besonders stark ausgeprägt sind, sodass die betroffene Person den Bezug zur Realität verliert.

Eine Voraussetzung dafür, dass Patienten einer geregelten Beschäftigung auf dem ersten Arbeitsmarkt nachgehen können, ist die Aufklärung der Mitarbeiter und Vorgesetzten über die Symptomatik der Schizophrenie, wodurch Missverständnisse oder Vorurteile rechtzeitig verhindert werden können. Des Weiteren sollten sich schizophrene Bewerber bei der Auswahl der Tätigkeit über ihre psychischen und physischen Grenzen bewusst sein und sich keine unrealistischen Berufsziele setzen, für die sie gesundheitliche Risiken eingehen müssten. Hierbei kann ein offenes Gespräch mit dem Arbeitgeber zielführend sein. Kommunikation und Verständnis sind die beiden Schlüsselbegriffe für die erfolgreiche Eingliederung eines schizophrenen Bewerbers in das jeweilige Unternehmen.

Eine bekannte und staatlich finanzierte Alternative für den Berufseinstieg in den ersten Arbeitsmarkt bieten die WfbM, wobei hier abzuwägen ist, ob diese Beschäftigungsform auch für schizophrene Patienten geeignet ist. WfbM sind Einrichtungen für Menschen mit Behinderungen, die wegen ihrer Krankheit nicht richtig arbeiten können. Die Werkstatt soll vor allem eine berufliche Bildung und Beschäftigung bieten und den Patienten dabei helfen, Leistungsfähigkeit und Persönlichkeit aufzubauen.[19] Ein durchaus positiver Aspekt einer solchen Einrichtung sind die sozialen Situationen, in denen die Menschen zusammen einer Tätigkeit nachgehen können. Allerdings ist hierbei anzumerken, dass sich das erhoffte Gefühl von Normalität bei schizophrenen Teilnehmern nur bedingt

---

[18] Vgl. Steadman (2015), S. 6-7
[19] Vgl. Werkstätten St. Joseph (2019)

ausbreiten kann, da sie sich dennoch in einer geschlossenen Umgebung befinden, die für gesunde Menschen ohne Behinderungen unzugänglich ist. Zwar wird die Beschäftigung durch einen angemessenen Lohn abgedeckt, jedoch ist die Summe beträchtlich geringer als bei einer Beschäftigung im ersten Arbeitsmarkt, wodurch möglicherweise Frustration unter den Arbeitenden aufkommen könnte. Außerdem ist die Art der Tätigkeit nicht speziell auf die Symptome einer Schizophrenie abgestimmt, sondern eher auf allgemeine motorische oder kognitive Störungen. Die für Personen mit Schizophrenie wichtigen Aspekte einer Beschäftigung, wie das Gefühl der Unabhängigkeit oder Nützlichkeit werden durch die WfbM nicht erfüllt, sodass zwangsläufig eine Eingliederung in den Arbeitsmarkt durch die Maßnahmen der Einrichtung zumindest für Schizophrene wahrscheinlich niemals stattfinden kann.[20]

2 Bewertungsprozesse

In Unterkapitel 2.1 sollen die Kausalmodelle zur Rolle der Bewertung bei der Entstehung von Emotionen erläutert werden. Unterkapitel 2.2 befasst sich mit dem transaktionalen Stressmodell von Lazarus. Der Fokus liegt hierbei im Speziellen auf der Rollenzuteilung von Bewertungen und im Allgemeinen auf der Erklärung von Stressbewältigungsmethoden und Coping-Formen.

2.1 Die Rolle der Bewertung bei der Entstehung von Emotionen

Die Wissenschaft ist sich über eine eindeutige Definition des Begriffes Emotion nicht vollkommen einig. Aus den meisten Ansätzen gehen jedoch insgesamt vier verschiedene Komponenten hervor, aus denen sich Emotionen zusammensetzten. Dabei handelt es sich um eine Verhaltenskomponente, durch die Gesichtsausdrücke, Stimmlagen oder Körperhaltungen weitergegeben werden, um eine physiologische Komponente, welche körperliche Reaktionen bestimmen, um eine subjektive Erlebniskomponente, die das Fühlen eines Menschen beschreibt und nur für die eigene Person sichtbar ist und um eine kognitive Komponente, mit der eine Situation bewertet wird.[21] Die Bewertung wird jedoch nicht

---

[20] Vgl. Steadman (2015), S. 9
[21] Vgl. Brandstätter/Schüler/Puca/Lozo (2018), S. 168; Puca (2017), S. 466

bei allen Ansätzen als eine Komponente der Emotion definiert, sondern kann auch als ein Bewertungsprozess direkt an der Entstehung der Emotionen beteiligt sein.

Betrachtet man die Funktion von Emotionen aus einer evolutionsbiologischen Perspektive, kann vermutet werden, dass sie den Menschen die Anpassung an ihre Umwelt ermöglicht und damit das Überleben gesichert haben. Emotionen entstehen unter anderem aus Bewertungsprozessen, die das Individuum über die Ergebnisse einer Bewertung informiert. Dabei kann sich die Bewertung auf eine Situation oder ein Objekt beziehen, welches zunächst als unbekannt oder bekannt und anschließend als positiv oder negativ eingestuft wird. Die Bewertung führt dann zu einer Entscheidung und einer entsprechenden Handlung.[22] Neben der Bewertung von Informationen sind auch Verhaltensvorbereitung und Kommunikation für die Entstehung von Emotionen verantwortlich, wobei im Folgenden nur der Aspekt der Bewertung besprochen werden soll.[23]

Ein Bewertungsvorgang muss nicht in erster Linie bewusst stattfinden, vielmehr können die Information des Reizes zuerst unbewusst verarbeitet werden und erst im Anschluss darauf im Großhirn ankommen, welches für die bewusste Bewertung zuständig ist. Diese Überlegung kann folgendermaßen erläutert werden: Informationen gelangen im ersten Schritt zur Amygdala, einer Neuronengruppierung im Kerngebiet des Gehirns, das für die Verarbeitung und Speicherung von Emotionen verantwortlich ist. Nach einer Bewertung des Reizes löst die Amygdala abhängig vom Ergebnis der Überprüfung eine unbewusste Reaktion aus, um beispielsweise den Blutdruck und die Herzfrequenz zu erhöhen, sodass eine anschließende Handlung wie Flucht folgen kann. Im selben Moment werden die Informationen des Reizes vom Thalamus, einem Teil des Zwischenhirns, an die Großhirnrinde weitergeleitet, wo sie einer bewussten Bewertung unterzogen werden, sodass eine ebenfalls bewusste Handlung erfolgen kann. Dieser Überlegung zufolge ist der Weg zur Amygdala also schneller als der Weg zum Großhirn, wodurch die unbewusste Bewertung zuerst stattfindet.[24] Allerdings ist die schnelle und grobe Bewertung nicht an der Entstehung von Emotionen beteiligt, da die Informationen hier lediglich als bekannt oder unbekannt und als positiv oder negativ eingeschätzt werden. Erst im Anschluss an diese grobe Bewertung folgt im Großhirn die sogenannte elaborierte Bewertung, durch die mithilfe von vergangenen Erfahrungen oder eigenem Wissen eine darauffolgende Emotion beeinflusst wird.[25]

---

[22] Vgl. Brandstätter et al. (2018), S. 170
[23] Vgl. Brandstätter et al. (2018), S. 170-171
[24] Vgl. Brandstätter et al. (2018), S. 170
[25] Vgl. Brandstätter et al. (2018), S. 177

2.2 Das Stressmodell von Lazarus

Die Unterscheidung zwischen grober und elaborierter Bewertung, welche im vorherigen Unterkapitel besprochen wurde, findet sich auch im transaktionalen Stressmodell von Lazarus wieder. Emotionen werden hier mithilfe eines zweistufigen Bewertungsprozesses beeinflusst, bei dem zuerst eine primäre Bewertung und anschließend eine sekundäre Bewertung erfolgt. Sobald neue Informationen an den Organismus weitergeleitet werden, muss die ursprüngliche Einschätzung einer Neubewertung unterzogen werden.[26] Welche Rolle den Bewertungen im Stressmodell spezifisch zukommt, soll im Folgenden erläutert werden. Zudem werden allgemeine Stressbewältigungsansätze nach Lazarus aufgeführt und die Effektivität der verschiedenen Coping-Formen abgewogen.

2.2.1 Der Bewertungsprozess

Das transaktionale Stressmodell bezeichnet psychologischen Stress als eine Beziehung zwischen Person und Umwelt, welche durch eine kognitive Bewertung situationsabhängig eingeschätzt und entweder als stressig oder erträglich eingestuft wird. Dieser Auffassung zufolge kann sich eine Person aktiv an die Stressoren anpassen, um ihnen nicht passiv ausgesetzt zu sein.[27] Der kognitive Reizbewertungsprozess stellt das erste zentrale Konzept des Stressmodells dar und wird in drei Kategorien eingeteilt: primäre und sekundäre Bewertung und Neubewertung. Die primäre Form der kognitiven Bewertung entscheidet darüber, ob eine Situation entweder irrelevant, angenehm-positiv oder stressig ist.[28] Wird eine Situation, als stressig bewertet, erfolgt eine weitere Unterteilung. Hier kann dann zwischen einer Bedrohung, bei der man von einer baldig eintretenden Schädigung ausgeht, einem Schaden-Verlust, welcher sich auf bereits geschehene Schädigungen bezieht oder einer Herausforderung, die eine erfolgreiche Bewältigung der Situation nahelegt, unterschieden werden. Lediglich die Herausforderung kann zu einem positiven Emotionserleben führen, während Bedrohung und Schaden-Verlust stets mit negativen Emotionen einhergehen.[29] Die sekundäre Bewertung wird hingegen zur Einschätzung eigener Fähigkeiten genutzt,

---

[26] Vgl. Brandstätter et al. (2018), S. 214
[27] Vgl. Kaluza (2003), S. 348; Lazarus/Folkman (1984), S. 21
[28] Vgl. Lazarus/Folkman (1984), S. 35
[29] Vgl. Kaluza (2003), S. 348

sodass das Vorgehen in einer Situation abgewogen werden kann. Die verfügbaren Bewältigungsoptionen müssen hierbei auf ihre Erfolgschancen hin eingeschätzt werden, sowie auf die Wahrscheinlichkeit dafür, dass die gewählte Option effizient ist.[30] An dieser Stelle soll angemerkt werden, dass die beiden Bewertungsprozesse nicht an eine Reihenfolge gebunden sind, sondern sogar gleichzeitig auftreten oder sich gegenseitig beeinflussen können.[31] Die letzte Form der kognitiven Bewertung ist die Neubewertung, welche erst dann eingesetzt wird, wenn der Organismus neue Informationen aus der Umwelt erhält. Wenn dies passiert, müssen die ursprünglichen primären und sekundären Bewertungen überarbeitet werden, egal ob die Hinweise positive oder negative Folgen haben.[32]

2.2.2 Stressbewältigungsmethoden und Coping-Formen

Das zweite zentrale Konzept des Stressmodells von Lazarus ist die Bewältigung oder auch Coping genannt, welche als kognitive und verhaltensbezogene Anstrengung verstanden wird. Sie soll dabei helfen, belastende Situationen zu bewältigen, die die individuellen Ressourcen beanspruchen oder übersteigen.[33] Hierbei kann zwischen problemorientierter und emotionsorientierter Bewältigung unterschieden werden, wobei sich der Fokus beim problembezogenen Coping auf das stressverursachende Problem selbst richtet, während emotionsbezogenes Coping die auf dieses Problem gerichteten emotionalen Reaktionen reguliert.[34] Wenn die Möglichkeit besteht, schädliche oder herausfordernde Bedingungen zu verändern, kann die problemorientierte Bewältigung eingesetzt werden. Damit die Stresssituation bewältigt werden kann, versucht die Person auf die jeweilige Situation und auf die eigenen Ziele oder Einstellungen einzuwirken.[35] Das emotionsbezogene Coping hingegen soll auf emotionaler Ebene die Intensität von negativen Stressemotionen und damit einhergehenden unangenehmen psychophysischen Spannungszuständen verringern.[36] Diese Bewältigungsstrategie wird demnach nur bei schädlichen oder herausfordernden Bedingungen eingesetzt, die nicht veränderbar sind.[37] Sowohl problemorientierte als auch emotionsorientierte Bewältigung können durch aktionale

---

[30] Vgl. Lazarus/Folkman (1984), S. 35
[31] Vgl. Kaluza (2003), S. 348
[32] Vgl. Lazarus/Folkman (1984), S. 38
[33] Vgl. Lazarus/Folkman (1984), S. 141
[34] Vgl. Lazarus/Folkman (1984), S. 150
[35] Vgl. Lazarus/Folkman (1984), S. 152
[36] Vgl. Kaluza (2003), S. 350
[37] Vgl. Lazarus/Folkman (1984), S. 150

oder intrapsychische Coping-Formen erreicht werden. Die aktionale Bewältigungsform, ist durch offenes Verhalten gekennzeichnet, während die intrapsychische Form verdeckte Denk-, Vorstellungs-, Wahrnehmungs- und Interpretationsprozesse beinhaltet.[38] Welche Coping-Form in einer bestimmten Situation nun am effektivsten ist, hängt stets von den beiden Bewältigungsprozessen ab. Wenn eine Person ein Problem zwar auf effektive Weise löst, dabei jedoch emotionale Folgen erleidet, kann nicht von einer effektiven Bewältigung ausgegangen werden. Effektives Coping bezieht stets die Kontrolle negativer Emotionen mit ein, wobei dies nicht bedeutet, dass positive Emotionen erreicht werden. Ebenso wenig effektiv ist es, wenn man die eigenen Emotionen zwar regulieren kann, aber das eigentliche Problem dabei ignoriert. Damit die Bewältigung effektiv sein kann, darf es keinen Konflikt zwischen der Bewältigungsstrategie und anderen Faktoren, wie persönlichen Werten, Zielen, Verpflichtungen und Überzeugungen geben.[39] Die Effektivität bezieht sich also immer auf die derzeitige Situation und die derzeitige Person und ist nicht generalisierbar.[40]

3 Emotionale Intelligenz

Kapitel 3 beschäftigt sich mit dem Konzept der emotionalen Intelligenz (EI). In Unterkapitel 3.1 wird das Konzept vorgestellt und definiert, sodass sich Unterkapitel 3.2 mit der Bedeutung von EI bei der Teambildung und beim Teambildungsprozess befassen kann. Abschließend wird die EI in Unterkapitel 3.3 aus einem kritischen Blickwinkel heraus betrachtet und hinterfragt.

3.1 Eine Definition der emotionalen Intelligenz

Im allgemeinen Verständnis wird die emotionale Intelligenz als eine vielschichte Fähigkeit gesehen, die das Erkennen, den Umgang, die Nutzung und den Ausdruck von Gefühlen erlaubt.[41] Im Folgenden werden drei der wichtigsten Theorien zur EI vorgestellt und einzeln näher erläutert. Demnach wird zuerst das Modell von Salovey und Mayer (1990)

---

[38] Vgl. Kaluza (2003), S. 350
[39] Vgl. Lazarus/Folkman (1984), S. 188-189
[40] Vgl. Lazarus/Folkman (1984), S. 185
[41] Vgl. Rindermann (2017), S. 803

besprochen, gefolgt von der Theorie von Goleman (1995). In den abschließenden Zeilen dieses Unterkapitels geht es dann um Bar-Ons Modell der EI (2005).

Die erste ausformulierte Theorie zur EI stammt von den Forschern Salovey und Mayer, die ihren Ansatz als ein Fähigkeitsmodell vorgestellt haben. Demnach bezieht sich die EI eines Menschen darauf, inwieweit er Emotionen wahrnehmen, verstehen, verwenden und reflektieren kann. Eine Emotion wird dabei als die Summe von Gefühlen und Kognitionen verstanden, während sich die Intelligenz aus Informationsreflexionen und damit einhergehender Ziehung von Konsequenzen zusammensetzt. In einer überarbeiteten Modellversion (1997) haben Salovey und Mayer ihr Konzept der EI in vier Aspekte unterteilt. Der erste Aspekt besteht aus der Wahrnehmung, der Bewertung und dem Ausdruck von Emotion. Der zweite Aspekt umfasst die Verwendung von Emotionen zur Unterstützung des Denkens und die Kenntnis über Emotionszusammenhänge und -denken. Im dritten Aspekt werden das Verständnis und die Analyse von Emotionen, sowie der Einsatz des Wissens über Emotionen zusammengefasst. Der letzte Aspekt bezieht sich auf die Förderung der emotionalen und intellektuellen Entwicklung durch eine Reflexion der eigenen Emotionen. Diese vier Aspekte, werden dann in Abhängigkeit zu ihrer Ausprägung in den Erfahrungs- und Erlebensbereich, wo sich die Aspekte auf das Erleben beziehen, oder in den Strategiebereich, bei dem sich die Aspekte auf Ziele oder Handlungspläne berufen eingeteilt. Während der Erfahrungs- und Erlebensbereich die Wahrnehmung und Verwendung von Emotionen beinhaltet, umfasst der Strategiebereich das Verstehen von Emotionen und den Umgang mit Emotionen.[42]

Golemans Modell der EI beruht zwar auf den Ausführungen von Salovey und Mayer, ist jedoch dennoch die bekannteste Theorie in diesem Forschungsfeld. Neben den Ideen seiner Vorgänger, die Goleman zu einem großen Teil in seinem Ansatz aufgreift, stellt er ebenfalls einen neuen, bis dahin noch unbekannten Zusammenhang zwischen der EI und der Amygdala vor.[43] Wie in Kapitel 2.1 bereits erläutert wurde, spielt die Amygdala eine wichtige Rolle in der Emotionsbewertung. Goleman fokussiert sich hierbei vor allem auf die Verarbeitung von Aggression und Furcht, also der Kampf-oder-Flucht-Reaktion, da diese für ihn einen zentralen Aspekt der EI ausmacht. Menschen unterscheiden sich in diesem Aspekt dahingehend, wie gut sie Aggression und Furcht entwickeln, verwenden und kontrollieren können.[44] Somit fasst Goleman sein Modell zur EI in fünf Aspekte zusammen. Die Selbstwahrnehmung bildet den ersten Aspekt und umfasst die

---

[42] Vgl. Maltby/Day/Macaskill (2011), S. 692-694
[43] Vgl. Maltby/Day/Macaskill (2011), S. 696
[44] Vgl. Maltby/Day/Macaskill (2011), S. 697-698

Identifizierung und das Verständnis der eigenen emotionalen Zustände. Der zweite Aspekt wird als die Handhabung der Emotionen umschrieben und lehrt die Person den Umgang und die Kontrolle mit den eigenen Emotionen, sowie die Umwandlung unangenehmer Emotionen in angenehme Emotionen. Im dritten Aspekt geht es darum, emotionale Zustände zu erleben, die mit Leistungs- und Erfolgsantrieb verbunden sind und sie in die Tat umzusetzen. Die Empathie eines Menschen definiert den vierten Aspekt und ermöglicht eine Beurteilung, ein Erkennen und eine entsprechende Beeinflussung von fremden Emotionen. Und mit dem letzten Aspekt wird der Umgang mit Beziehung beschrieben, besonders der Beziehungsaufbau und dessen Erhaltung.[45] Der dritte Aspekt wurde 2002 in einer überarbeiteten Version von Goleman fallen gelassen, sodass die EI in seinem aktuellen Modell nur noch in vier Aspekte unterteilt wird.[46]

Das letzte Modell der EI, welches in dieser Einsendeaufgabe vorgestellt wird, wurde vom Psychologen Bar-On entwickelt und als emotional-soziales Intelligenzmodell etabliert. Ihm zufolge ist die emotional-soziale Intelligenz ein Konstrukt aus emotionalen und sozialen Kompetenzen, welche miteinander verknüpft sind und dem Individuum dabei helfen, sich selbst und andere zu verstehen sowie sich auszudrücken und mit anderen zu interagieren. Nur durch ein emotional und sozial intelligentes Verhalten, gelingt es dem Menschen sich effektiv an seine Umwelt anzupassen. Wobei diese Idee ebenfalls von Charles Darwin vertreten wurde. Bar-Ons Modell beruht auf 15 Aspekten, die sich auf fünf Domänen beziehen, welche in Tabelle 1 aufgeführt sind.[47]

Domänen	Aspekte
Intrapersonelle Intelligenz	Emotionale Selbstwahrnehmung, Bestimmtheit, Selbstachtung, Selbstaktualisierung, Unabhängigkeit
Interpersonelle Intelligenz	Interpersonelle Beziehungen, soziales Verantwortungsgefühl, Empathie
Anpassungsfähigkeit	Problemlösen, Realitätsprüfung, Flexibilität
Stressmanagement	Stresstoleranz, Impulskontrolle
Stimmungslage	Glücklichsein, Optimismus

Tabelle 1: Die 15 Aspekte der fünf Domänen des emotional-sozialen Intelligenzmodells. (Quelle: Eigene Darstellung in Anlehnung an Maltby/Day/Macaskill (2011), S. 702.)

---

[45] Vgl. Goleman (2017), S. 65-66
[46] Vgl. Maltby/Day/Macaskill (2011), S. 699
[47] Vgl. Maltby/Day/Macaskill (2011), S. 701-702

3.2 Die emotionale Intelligenz im Zusammenhang mit Teams

Dadurch, dass die emotionale Intelligenz unter anderem viel mit kommunikativen Aspekten zu tun ha, und einem Individuum dabei helfen kann, andere zu verstehen und ihre Emotionen zu interpretieren, kann sie als wirkungsvolles Element in Gruppen eingesetzt werden. Arbeiten im Team ist besonders in der heutigen international vernetzten Arbeitswelt beliebter als jemals zuvor, unter anderem deswegen, da Projekte immer größer und komplexer werden und eine einzige Fachkraft meist nicht mehr ausreicht.[48] Welche Bedeutung die EI für die Zusammenstellung von Teams und für den Teambildungsprozess haben kann, soll in diesem Unterkapitel besprochen werden.

Der Erfolg einer Gruppe und die Höhe des sogenannten Gruppen-Intelligenzquotienten, der die Talente und Fähigkeiten aller Mitglieder zusammenfasst, hängt stark von der sozialen Harmonie, also der Fähigkeit miteinander harmonisch zu interagieren, ab und wird von der emotionalen Intelligenz bestimmt. Gruppen, die sich untereinander aufgrund von Rivalitäten anfeinden, können wegen der großen emotionalen und sozialen Spannungen keine guten Leistungen vollbringen.[49] Bei emotional intelligenten Mitgliedern können solche Spannungen nicht entstehen, da diese sich um Kooperation, Integration und Partizipation bemühen, womit ebenfalls die Fähigkeit zur kreativen Entscheidungsfindung in der Gruppe verbessert wird.[50] Die Möglichkeit zur konstruktiven Auseinandersetzung ist an das Bewusstsein, die Kontrolle und Diskussion über die eigenen Emotionen, sowie an das Erkennen und Führen der Emotionen anderer Menschen gebunden und kann sich je nach Ausprägung dieser Fähigkeiten verbessern oder verschlechtern.[51]

Besonders die Personen, die bei der Zusammenstellung von Teams eine leitende Rolle spielen, sollten emotional intelligent sein und gewisse persönliche und soziale Kompetenzen beherrschen, sodass die Wahrscheinlichkeit einer harmonierenden Gruppe erhöht wird und potentielle Störfaktoren wie Motivationslosigkeit oder Feindseligkeit erkannt und verhindert werden. Jedes Mitglied eines Teams sollte sich den eigenen Emotionen und ihrer Wirkung bewusst sein, Selbstvertrauen haben und persönliche Stärken sowie Schwächen kennen und zeigen. Des Weiteren sind emotional intelligente Teammitglieder anpassungsfähig, optimistisch, vertrauenswürdig und leistungsorientiert. Die Fähigkeit eigene Emotionen zu kontrollieren, gewährt ihnen die Möglichkeit Feindseligkeiten und

---

[48] Vgl. Kanitz (2015), S. 72-73
[49] Vgl. Goleman (2017), S. 205-206
[50] Vgl. Abraham (2006), S. 262-263
[51] Vgl. Jordan/Troth (2002), S. 70

unproduktiven Konflikten vorzubeugen, sodass die innere Harmonie und der Gemein-schaftssinn nicht gestört werden. Wenn man die eigenen Emotionen verstehen und kon-trollieren kann, wird man die Gefühle der anderen Teammitglieder dementsprechend eher erkennen und auf diese eingehen. Mit einem ausgeprägten sozialen Bewusstsein können sogar soziale Beziehungen erfasst und bewertet werden, wodurch die erfolgreiche Zu-sammenstellung von Teams ebenfalls profitiert.[52] Menschen, die auf einer emotionalen Ebene miteinander auskommen, können dieses Gefühl der Einigkeit auf ihre Aufgabe übertragen und effektiver an der Lösung eines Problems arbeiten.

Um den Gruppen-IQ eines Teams zu steigern und die Mitglieder zu motivieren, kann bei der Teambildung gezielt eine überdurchschnittlich emotional intelligente Person in das soziale Netzwerk miteinbezogen werden, die die anderen Mitglieder inspiriert und ihre Handlungen und Emotionen lenkt. Solche Personen haben die Fähigkeit, die Wünsche von Teammitgliedern zu erkennen und diese bei Gelegenheit umzusetzen. Anfeindungen oder Meinungsdispute, die in der Gruppe entstehen, können mit der Unterstützung des emotional hochintelligenten Menschen ausdiskutiert und beigelegt werden, wodurch die Teamarbeit gefördert wird und zwischenmenschliche Beziehungen aufgebaut werden.[53]

Wie in einer Studie über die Bell Laboratories, einer ehemaligen Forschungsabteilung einer Telefongesellschaft, festgestellt wurde, kann EI ebenfalls am Arbeitsplatz genutzt werden, um zeitweilige ad hoc-Teams zu erstellen, die dem Individuum bei der Bewälti-gung einer Aufgabe helfen können. Indem sich die emotional intelligente Person über einen längeren Zeitraum hinweg ein lockeres Netzwerk aus Arbeitskollegen aufbaut, kann sie die unterschiedlichen Fähigkeiten und Talente dieser Mitglieder für unterschied-liche Aufgaben nutzen und so selbst bessere Leistungen hervorbringen.[54]

3.3 Das Konzept der emotionalen Intelligenz – Ein kritischer Blickwinkel

Kaum eine Theorie aus dem 20. und 21. Jahrhundert liefert kritikfreie Ansätze, die von allen Wissenschaftlern vollständig anerkannt werden. Auch die Theorie der emotionalen Intelligenz und ihre drei Modelle sind anfällig für Kritik.

Wie im Unterkapitel 3.1 bereits erläutert wurde, versteht insbesondere Goleman, die EI als den Hauptgrund für eine erfolgreiche Arbeitskarriere, da hierbei vor allem Fähigkeiten

---

[52] Vgl. Goleman/Boyatzis/McKee (2002); zitiert nach Maltby/Day/Macaskill (2011), S. 738-739
[53] Vgl. Goleman/Boyatzis/McKee (2002); zitiert nach Maltby/Day/Macaskill (2011), S. 738-739
[54] Vgl. Goleman (2017), S. 206

wie Empathie oder Optimismus zielführend seien und nicht etwa die geistige Intelligenz. Diese Eigenschaften könnten jedoch ebenso auf die Persönlichkeit des Menschen zurückgeführt werden, anstatt auf dessen EI. Eysenck (2000) zufolge, sei es nicht möglich festzustellen, ob die berufliche Leistung von Persönlichkeitsfaktoren oder der EI abhängt, sodass er den Ansatz von Goleman als unwissenschaftlich und nutzlos für den Fortschritt der Psychologie betrachtet.[55] Eine Studie an 102 US-amerikanischen Studenten, die diesen Kritikpunkt von Eysenck aufgegriffen hat, wollte beschreiben, wie sich Fähigkeiten und Kompetenzen definieren lassen. Hierzu haben sich die Forscher auf die möglichen Zusammenhänge zwischen der generellen Intelligenz, den Persönlichkeitsfaktoren, der EI und dem Geschlecht konzentriert und herausstellen können, dass das Verständnis über die menschlichen Fähigkeiten und Kompetenzen auch ohne die Ausführungen der EI bereits beinahe vollkommen nachzuvollziehen ist, weswegen sich dieses Konzept folglich als wenig nützlich erweise.[56]

Eysenck weist auf einen weiteren Kritikpunkt hin: Der emotionale Intelligenzquotient sei nicht an äußeren Merkmalen zu beobachten. Anders als die Schulnoten oder der akademische Erfolg, welche beide auf die Intelligenz eines Menschen hindeuten, gebe es für die EI keine nachvollziehbaren Merkmale.[57] Jedoch ist dieser Kritik zu widersprechen, da die schulischen oder akademischen Leistungen keine validen Indikatoren für die Intelligenz einer Person darstellen. Ein gutes Abiturzeugnis ist genauso wenig ein Garant für eine hohe Intelligenz, wie die Managerstelle ein Garant für die EI ist. Schulischer Erfolg kann von vielen Faktoren abhängen und selbst einen hochbegabten Schüler nicht vor schlechten Noten bewahren. Kritische familiäre Zustände, Unterforderung oder eine unprofessionelle und parteiische Lehrkraft können stärkeren Einfluss auf die Bildungslaufbahn einer Person haben als die reine Intelligenz.

Der berufliche Erfolg kann jedoch ebenfalls nicht hauptsächlich von EI abhängig gemacht werden. Man stelle sich hierzu folgendes Beispiel vor: Ein Unternehmen bietet eine Ausbildungsstelle an, auf die sich drei Bewerber melden. Bewerber A ist 20 Jahre alt, besitzt die allgemeine Hochschulreife und hat bereits mehrere fachbezogene Praktika absolviert. Er macht einen unauffälligen Eindruck und ist eher zurückhaltend. Bewerber B ist 35 Jahre alt, hat einen Hauptschulabschluss, war stets nebenberuflich tätig und hat keine weiteren fachbezogenen Erfahrungen vorzuweisen. Im Gegensatz zu Bewerber A, scheint er sehr motiviert und optimistisch zu sein und macht einen positiven Eindruck auf andere

---

[55] Vgl. Eysenck (2000); zitiert nach Maltby/Day/Macaskill (2011), S. 712
[56] Vgl. Schulte/Ree/Carretta (2004); zitiert nach Maltby/Day/Macaskill (2011), S. 712-713
[57] Vgl. Eysenck (2000); zitiert nach Maltby/Day/Macaskill (2011), S. 713

Menschen, da er genau weiß wie er mit ihnen kommunizieren muss, um ihre Sympathie zu gewinnen. Bewerber C ist 19 Jahre alt und hat ebenfalls sein Abitur erreicht. Er besitzt kein fachbezogenes Wissen und hat auch sonst keine berufliche Erfahrung gemacht. Auf die Ausbildungsstelle ist er durch familiäre Kontakte gestoßen, da der Geschäftsleiter des Unternehmens sein Onkel ist. Die Personalleitung müsste sich also zwischen dem intelligenten Bewerber A, dem emotional intelligenten Bewerber B und dem Neffen ihres Vorgesetzten, Bewerber C, entscheiden. Für wen sich die zuständigen Angestellten entscheiden werden, lässt sich nicht vorhersagen, jedoch ist es unwahrscheinlich, dass Bewerber B den anderen vorgezogen wird. Neben einer gebildeten, praxiserfahrenen Person und dem geliebten Neffen des Geschäftsführers, scheint der nette Bewerber B, trotz gutem Eindruck, wenig Chancen zu haben.

Der letzte Kritikpunkt bezieht sich auf die biologische Vertretbarkeit der drei Modelle der EI, da die angenommenen Zusammenhänge zwischen biologischen Aspekten und der EI nicht durch empirische Befunde bewiesen werden. Während Goleman in seinem Modell die Amygdala mit der EI in Verbindung bringt, geht Bar-On davon aus, dass die EI das Ergebnis einer Anpassung des Organismus an eine stressige Umwelt ist. Neben der Tatsache, dass diese beiden biologischen Ansätze keinerlei Übereinstimmungen aufweisen, gibt es hierzu ebenfalls keine stützenden Forschungsergebnisse.[58]

---

[58] Vgl. Matthews/Zeidner/Roberts (2004); zitiert nach Maltby/Day/Macaskill (2011), S. 713

Literaturverzeichnis

Abraham, R. (2006), Emotionale Intelligenz am Arbeitsplatz: Literaturüberblick. In: Schulze, R. / Freund, P. A. / Roberts, R. D., Emotionale Intelligenz: Ein internationales Handbuch, 1. Aufl., Göttingen, S. 257-273.

Arolt, V. / Reimer, C. / Dilling, H. (2011), Basiswissen Psychiatrie und Psychothera-pie, 7. Aufl., Berlin.

Brandstätter, V. / Schüler, J. / Puca, R. M. / Lozo, L. (2018), Motivation und Emo-tion: Allgemeine Psychologie für Bachelor, 2. Aufl., Berlin.

Caspar, F. / Pjanic, I. / Westermann, S. (2018), Klinische Psychologie, 1. Aufl., Wiesbaden.

Eysenck, H. J. (2000), Intelligence: A new look, 1. Aufl., London.

Goleman, D. (2017), EQ. Emotionale Intelligenz, 27. Aufl., München.

Goleman, D. / Boyatzis, R. E. / McKee, A. (2002), Primal Leadership: Realizing the Power of Emotional Intelligence, 1. Aufl., Boston.

Gottesman, I. I. / Laursen, T. M. / Bertelsen, A. / Mortensen, P. B. (2010), Severe mental disorders in offspring with 2 psychiatrically ill parents. Arch Gen Psychiatry, 67. Jg., Nr. 3, S. 252-257.

Jordan, P. J. / Troth, A. C. (2002), Emotional intelligence and conflict resolution: Im-plications for human resource development, 4. Jg., Nr. 1, S. 62-79.

Kaluza, G. (2003), Stress. In: Jerusalem, M. / Weber, H., Psychologische Gesundheits-förderung, 1. Aufl., Göttingen, S. 339-361.

Kanitz, A. v. (2015), Emotionale Intelligenz, 4. Aufl., Freiburg.

Köhler, T. (2017), Schizophrenie. In: Wirtz, M. A., Lexikon der Psychologie, 18. Aufl., Bern, S. 1478-1480.

Kring, A. M. / Johnson, S. L. / Hautzinger, M. (2019), Klinische Psychologie, 9. Aufl., Weinheim.

Lazarus, R. S. / Folkman, S. (1984), Stress, Appraisal and Coping, 1. Aufl., New York.

Maltby, J. / Day, L. / Macaskill, A. (2011), Differentielle Psychologie, Persönlichkeit und Intelligenz, 2. Aufl., München.

Puca, R. M. (2017), Emotionen. In: Wirtz, M. A., Lexikon der Psychologie, 18. Aufl., Bern, S. 466.

Remschmidt, H. / Theisen, F. (2011), Schizophrenie, 1. Aufl., Berlin.

Rindermann, H. (2017), Intelligenz, emotionale. In: Wirtz, M. A., Lexikon der Psychologie, 18. Aufl., Bern, S. 803.

Steadman, K. (2015), Arbeiten mit Schizophrenie: Erwerbstätigkeit, Wiedereinstieg und Eingliederung in Deutschland, The Work Foundation, London.

Internetquellen

Deutsches Institut für Medizinische Dokumentation und Information (Hrsg.) (2018), ICD-10-WHO Version 2019, Systematisches Verzeichnis, Internationale statistische Klassifikation der Krankheiten und verwandter Gesundheitsprobleme, 10. Revision, https://www.dimdi.de/static/de/klassifikationen/icd/icd-10-who/kode-suche/html-amtl2019/block-f20-f29.htm, abgerufen am 25.10.2019.

Werkststätten St. Jospeh (2019), Was ist eine Werkstatt für behinderte Menschen (WfbM)?, https://wfbm-burgkunstadt.de/wfbm-info/, abgerufen am 03.12.2019.

BEI GRIN MACHT SICH IHR
WISSEN BEZAHLT

- Wir veröffentlichen Ihre Hausarbeit,
  Bachelor- und Masterarbeit

- Ihr eigenes eBook und Buch -
  weltweit in allen wichtigen Shops

- Verdienen Sie an jedem Verkauf

Jetzt bei www.GRIN.com hochladen
und kostenlos publizieren